夜の公園で、猫に人生を相談してみた

ウルニャンイ 文・絵

吉川 南 訳

이유가 많으니 그냥이라고 할 수밖에
묘생 9회차 고양이의 인간 상담소

By 을냥이

Published by K.K. HarperCollins Japan, 2021

夜の公園で、
猫に人生を
相談してみた

6度目の生 ══════════════════

いい人にだけいい人

7度目の生 ━━━━━━━━━━━━━━━━━

ときには傷が力になる

8度目の生
幸せになりたいだけ幸せになるんだ

猫には9つの命がある。

僕は何度も生まれ変わった。
事業家の猫として、
作家の猫として、
少女の猫として……。
つらかったこともあれば、
この上ない幸せを噛み締めたこともある。

これまで8回の生で、
さまざまな人間を観察してきたけど
みんな、どこか変だった。
いつも忙しそうにしていながら、
どこに行くのかもわからず、何かで傷つくと、
傷ついた自分を憎むのだった。

いちばん変だったのは、
いつも「なんとなく」と言っているところだ。

なんとなく好き、
なんとなく嫌い、
なんとなく休みたい。

こんなふうに人間たちは、理由が多すぎるとき
「なんとなく」と言う。

照れくさくて口に出せない胸のときめきも
言わなくても理解してほしい悲しみも
自分でも見つめられない心の闇も
全部その一言に詰め込まれる。

今回の人生では、こういった
他人にはとても言えない気持ちを
聞いてあげることにした。

ひっそりとした公園のどこかで
たまたま言葉の話せる猫に会ったら、

それが僕、
猫生9度目の猫カウンセラーだ。

最初の生はほろ苦かった。
生きるということがどういうものかもわからなかった。
自分が何者なのか、なぜ生まれてきたのかも。
誰も教えてくれなかった。
ただ流されるままに生きるだけだった。

誰でもこの世に
生きるのは
初めてだから

ジェットコースター

人生は山あり谷あり。降りるときはとても速いし、

人生はまるでジェットコースターに乗ってるみたい。

登るのはとても大変だよね。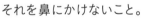

でも、それは他の人も同じだよ。

誰の人生にも、山や谷があるんだ。

だから、高いところにいる人と自分を比べて、

がっかりしないこと。

高いところにいるからといって、

それを鼻にかけないこと。

私が持っているもの

「すべてを失ってしまった。お金も、人も、愛も、全部」

「すべてを失っただって?
きみには自分の人生があるじゃない。
それがきみのすべてだよ」
自分を見失わない限り、また前進できるし、
きっと何かを成し遂げることができる。
だから、絶対にすべてを失ったわけじゃない。

自分で選択する

「自分は真っ当な人生を歩んできた。
いわゆる、人としてやるべきことを全部やった。
誰からも後ろ指を指されるようなことなく、
正々堂々と生きてきた。
それなのに、なぜこんなに不幸なんだろう」

「僕たちは知らず知らずのうちに
自分の人生を他の誰かに選択させて、
他人の判断に任せている。
"責任"という言葉にだまされて、
他人中心の生き方をしてしまっているのさ。
他人が望むように生きているせいで、
肝心の自分の人生は置き去りになっているんだ」

みんなが「イエス」と答えるとき、
きみは心のなかにある答えを知っていながら、
周囲に合わせて、うなずいていたのかもしれないよ。
本当の答えがなんなのかは、
自分の心のなかで探さなくちゃね。

始まりにリスクはつきもの

「やりたいことがあるのに、やれないでいるんだ。
みんながやめろって言うから。
これまでうまくやってきたのに、
どうしてわざわざリスクを冒すのかって」

最初の生
誰でもこの世に生きるのは初めてだから

「すべての始まりにリスクはつきもの。
でも、何もしないでいるのはもっと危険だ。
やらないで後悔するより、
やって後悔するほうが、ずっとまし。
後悔というやつは、結果を知らないときに、
より大きくなるものだからね」

まずは種を
蒔いてみよう。それでこそ
花が咲くんだよ。

人生とは10個のパンを全部食べること

人生とは、中身のわからないパンみたいなもの。
ここに10個のパンがあるとしよう。
どれがどんな味かはわからない。
最初に食べたパンが苦くても、
残りの9個はあまいかもしれないし、
9個があまくても、最後の1個がすごく苦いかもしれない。
だから、苦くても生きつづけるんだ。
どこかに隠れているはずの、あまいパンのために。

すべてのときは過ぎていく

よかった時期があったからといって、
いまが最悪な人には慰めにならない。
それと同様に、最悪な時期もやがて過去のものになる。
永遠に続くように見える苦しみも、
結局はすべて過ぎていく。
だから、少しだけ耐えてみよう。
やがて「自分は乗り越えたんだ」と
振り返れる日が来るはずだよ。

何もしなくていいよ

「もう疲れて、何もしたくないよ。
こんなにやる気がなくて、どうすればいいの?」

「何もしたくない?　だったら休んでいいんだよ?
何もしなくていい。
人生には、思いきり怠ける時間も必要だ。
そのかわり、期間を決めよう。
無気力な日がだらだら続かないようにね」

最初の生
誰でもこの世に生きるのは初めてだから

猫は一日の20時間を、何もしないで過ごす。
でも、それは狩りのための体力を温存する、
意味のある時間なんだ。

小さなことから

自分が何をしたいのかもわからず、
途方にくれているなら
小さなことからやってみよう。

早起きしてみる
夕飯を自炊してみる
週に2回は掃除する
本を1冊、読み終える

そうやって些細なことからコツコツと積み重ねれば
達成感と満足感を取り戻せるよ。

夢は一瞬にして叶うものじゃない。
夢を探すのだって時間がかかるものさ。

最初の生
誰でもこの世に生きるのは初めてだから

大丈夫だよ

失敗したって大丈夫。
間違えたって大丈夫。
下手でも大丈夫。
カッコ悪くても大丈夫。
半人前だって言われても大丈夫。

誰かがそう言ってくれなかったら
きみが自分にそう言ってあげよう。

燃え尽きるな

「すごくつらい。でも、がんばって笑顔を見せてるんだよ。
いつも平気な顔で、大丈夫だってふりをしてるだけで」

「つらいときや悲しいときは、
その気持ちをそのまま口にしてみて。
泣きたいときには泣けばいい。
つらいって言う人を、誰も責めたりしない。
僕もきみのことを慰めてあげたいよ」

**ロウソクに火をともしつづけていたら、
そのうち燃え尽きてしまう。
無理して自分の心を燃やしながら
生きなくてもいいんだよ。**

いい時代

「何も知らなかった学生時代に戻りたい。
あのころはよかったな」

「学生時代だって、
苦労がなかったわけじゃないでしょ？
成績のことで悩んだり、
人間関係でゴタゴタしたり」

「まあね。それでも、いまと比べればなんでもないよ」

最初の生
誰でもこの世に生きるのは初めてだから

「ときがたてば、いまだって思い出になる。
もう過ぎ去ったことだから、
たいしたことなかったって思えるだけなんだ。
それはそうと、過去を振り返ったときに、
あのころがよかったと思えるのなら、
人生っていうのは、
じつはいつでも "いい時代" なんじゃないの?」

2度目の生では、愛を知った。
最初のうちだけかわいがり
だんだん無関心になっていく人たちを愛した。
きれいで白い猫を愛した。
不思議なことに、誰かに心を許すたびに
僕の心には傷が増えていった。

こんなにつらいの、

私の恋だけ？

主従関係

「彼はどれだけ私を傷つけても
どうせ私は何も言えないってわかっている。
始まったときと同じで、終わりも彼の気持ち次第。
結局、私と彼は主従関係みたい。
私はいつも従う側なの」

「一方が多く与える側で、
もう一方が多くもらう側だってことを
意識するようになった瞬間から、
恋は苦痛に変わる。
恋愛の主従関係を突き崩すには
ひとつのことに気づくことが必要なんだ。
従の側が自分の価値を知り
主の側が相手の価値に気づくことだよ」

犬と猫の恋愛

「僕たちはうまくいっていたんだ。
毎週デートして、記念日も欠かさず祝ってたし。
たまに彼女が神経質すぎると思うこともあったけど
好きだったから我慢してた。
なのに今日、いきなり
『あなたの無神経さにはもう耐えられない』
って怒り出した。
これまでずっと黙って耐えてきたのはこっちなのにさ。
何をどうすればよかったんだろう」

「犬は気分がいいと尻尾を振るけど
猫は気分が悪いと尻尾を振る。
もしかしたら、きみたちは
犬と猫の恋愛をしていたのかもね。

好きだっていう気持ちだけでは
お互いを完璧に理解することはできないんだ。
相手を大切に思って、長くいっしょにいたいと思うほど、
言いづらいことも言わなくちゃいけない。

何が嫌なのか、何に耐えられないと思っているのか、
いまは相手の思いに耳を傾けるべきときだよ」

私のせいかな

「ひどいことを言われたり、
心ない言葉を投げつけられたりすると、とても腹が立つ。
でも考えてみたら、全部自分のせいかも。
もっと理解してあげるべきだったと思うし、
不満をもう少し抑えていれば、
喧嘩することはなかったんじゃないかなって」

「相手の立場に立ってみるのは大事だね。
でも、いつも自分のせいにしてしまうのは、
自分が愛されていないことに気づくより
そのほうが楽だからじゃないの？
その微妙な違いをよく見てみよう。
きみのプライドを傷つけるような人を、
理解してあげる必要はない。
心にできた傷に自分で塩を
すり込むようなものだからね」

関係が重くなるとき

「彼は本当にいい人だけど
いまの私はスランプに陥っていて
恋愛なんかしてる場合じゃないの。
ひとりにしてって感じ。
私のこと大事にしてくれるのはいいけど、
その気持ちが重い」

「人生を山登りに例えるなら
恋愛とは誰かと手を取り合って山に登るようなもの。
先を歩いていれば相手を引っ張ってあげたくなるし、
相手が少し疲れたそぶりを見せれば
自分の力が足りないせいだと思って、つらくなる。
人はそんなとき、ばかげた選択をする。
一人で登ろうとして、相手の手を離してしまうんだ。

でも、誰だって自分の荷物を背負って生きている。
それを代わりに背負ってくれないからといって、
相手はあなたを憎んだりはしないよ。
いらない心配をして、大切な人を失わないようにね」

きみのことを愛する人が望んでいるのは、
いまみたいにきみが疲れたときに
今度は自分が先に立って
きみの手を握って引っ張ってあげることなんだ。

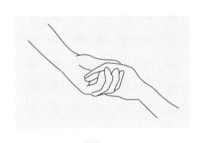

告白して振られたら

「その人に何度も告白したけど、いつも振られるんだ。
そのたびに、つらくて涙が出るけど
受け入れてくれるまで告白しつづけるよ。
"10回切って倒れない木はない"
っていうことわざもあるでしょ。
努力すればいつかは気持ちが伝わるよね?」

「木が10回切られることを望んでるの?
相手には、きみの気持ちを受け入れる義務はない。
告白しつづけることは、努力とは言わないよ。
その人の心を汲み取ってあげる努力を
してみたらどうかな?」

恋愛は、挑戦や征服とは違うんだ。

振られたという事実を受け入れる心も持たないとね。

寂しいということ

「彼女とは合わないみたい。
なんでもないことで寂しがったり落ち込んだりするから
どうすればいいかわからないんだ」

「だけど、なんでもないことで喜んでくれたり
幸せそうになってくれたりもするでしょ?」

「そうだね。ちょっとしたプレゼントにも、
子どもみたいに喜ぶよ」

「それはきみのことをとても大切に思っているから。
だからきみの何気ない一言や、ちょっとした好意が、
とても大きく感じられるんだ」

愛は奇跡

「好きな人は私に振り向いてくれないのに、
好きでもない人からは好きだって言われるの」

「だから"愛は奇跡"って言うのかもしれないね。
こんなに多くの人のなかで
愛し愛される関係として
お互いを選ぶというのは
本当に奇跡のようなことだから。
だから、そんな相手に出会えたら、
本当に大事にして、感謝しなくちゃね」

慣れてしまってあたりまえのように
思ってるかもしれないけれど、
奇跡っていうのは簡単には起こらないものだよ。

いずれ終わりが来るんだったら

「別れが怖くて、誰かを好きになることもできないんだ。
幸せな恋愛のゴールは結婚だとばかり思ってたけど
結婚が永遠の幸せを約束してくれるわけでもないでしょ？
結局、いつか別れの日が来るんだったら、
最初から人を好きにならないほうが、
気が楽なんじゃないかな」

2度目の生
こんなにつらいの、私の恋だけ？

「そうさ。

僕たちはいずれ、すべてのものと別れる運命なんだ。

愛する人とも、無二の親友とも、

最後はこの世ともお別れする。

でもね、だからこそ、

最後まで幸せでありたいと思って努力するんだ。

きみは、まだいい縁に恵まれてないだけだよ。

いつか別れが来るにしても

"あなたと出会い、付き合い、愛することができて、

本当によかった"と思えるような人、

そんないい縁に巡りあえるはず」

ただ慣れただけなの？

「彼の態度が前と違って、そっけないから腹が立つ。
でも彼が言うには、
私に気を許すようになったからだって。
私は恋愛経験があまりないから気をもんでいるだけで、
彼は変わってないって言うんだけど、ホントかな？」

「さあね、もしかしたら彼の言う通り、
気を許すようになっただけなのかも。
飾らない素顔を見せるというのは、
ふたりの関係がそんなことでは揺るがないって
信じているという意味でもあるからね。
やっと恋愛のかたちが固まってきたからかもしれないし。

でも、彼の態度ひとつで夜も眠れなくなったり、
彼の一言に思い悩んだりするようなら
それは彼がきみに気を許したというより
きみの心をちゃんと見ていないのかもしれない」

慣れるというのは、お互いをより深く理解すること。
相手について興味がなくなることじゃないよ。

愛を確かめる方法

「最近の彼、連絡も減ったし
デートするのも避けているみたい。
怒ってみたり、別れようって脅したりもしたけど
そのときだけ優しくて、結局は元どおり。
本当に私のこと愛しているのかな?」

「怒ったり脅したりしても
愛情を確かめることはできないよ」

「じゃあどうやって確かめるの?」

「質問の答えは、誰よりもきみが
いちばんよく知ってるんじゃない?」

「私もよくわからないから聞いてるのに」

「それが答えだよ。
そもそも彼に愛されているのかどうかなんて、
他人に聞くようなことかな？
つまり、じつは自分でも答えを知っているんだよ」

本当に大切なこと

「いつのまにか、彼の視線や言葉、表情のほうが
自分の考えよりも重要になっちゃった。
彼の一言で、天国と地獄を行ったり来たり。
こんな心臓に悪い恋、もうやめにしたい。
顔色なんかうかがわないで、きちんと愛されたいよ」

「まずは自分で自分を愛してあげて。

じゃなければ、いくら愛されても

満足感は得られないよ。

相手の愛がなくても

自分が自分でいられるようになったとき、

初めて『うん、これでいい』って言えるようになるんだ」

愛を知ることで、別れも知った。
悲しみと後悔と憎しみが
永遠に続くかのように私を苦しめた。
でも、それもいつしか鎮まって、
今度の生で僕は愛がそうであるように、
別れにも始めと終わりがあることを知った。

別 れ が 悲 し い の は

あ た り ま え

3度目の生
別れが悲しいのはあたりまえ

いままでありがとう

「何も悪いことしてないのに、別れようだなんて。
もう前みたいに愛してないって言うの。
どうしてそんなことができるの？
私は変わっていないのに……」

「心が変わるのは別に悪いことじゃないよ。
それより、誰かを変わらずに
愛しつづけることのほうがすごいんだ。
いまは恨めしくて苦しいかもしれないけど、
いままで愛してくれてありがとうって言えたらいいね」

愛と執着の違い

「しがみついて泣きすがっても、あの人は戻ってこない。
もう電話にも出ないし、メールにも返信してくれない。
戻ってきてくれたなら、なんでもするのに……。
いまの自分の気持ち、
執着なのか愛なのかよくわからないんだ」

「愛って、相手のことを思いやって
大事にしてあげることでしょ？
自分のせいで相手が不幸になるのなら、
それは愛とは言えないよ。
きちんと終わらせることも、
愛の過程のひとつじゃないかな」

約束

「将来を約束したのに、別れようって言うの。
どんな試練もいっしょに乗り越えようって言っていたのに、
口先だけだったんだ。
それどころか、あの人は私に試練を与えた。
嘘ばっかり」

「もう愛だけでは、やっていけないと思ったんじゃないかな」

「だから、その程度しか愛してなかったってことでしょ」

3度目の生
別れが悲しいのはあたりまえ

「人は誰しも、自分中心で生きているものさ。
自分が大変になると、
愛も約束も放り投げるしかなくなるんだ。
きっとその人は、大変だっていうサインを
送りつづけていたはずだよ」

ひょっとしたら、そのサインを見逃していたことが
約束を破られたいちばんの理由なんじゃないかな。

冷静と情熱の間

あなたは僕と違うから好きだった。
だけど、違うからこそぶつかり合い、よく喧嘩もした。
いまだから認めることができる。
僕らはお互いに合わなかったんだって。
僕らの選択は間違っていたんだ。

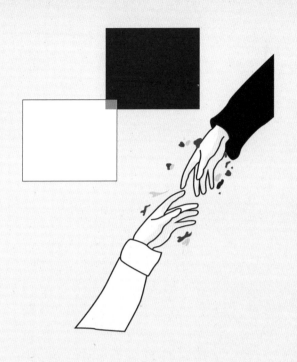

私たちはあまりにも違いすぎた。
それでも合わせていこうと努力した。
あなたがふたりの関係をあきらめた瞬間、
私たちはお互いに合わない人になった。
私たちの選択は間違っていた。
あきらめたから間違ってしまったんだ。

すでに終わった

恋に目がくらむと、目の前にある真実でさえ
見ないようになってしまう。
もう愛されていないってわかっているから
自分から相手の手を離すことなんてできない。

すでに終わった関係にしがみつくのは
割れた鏡をくっつけようとするのと同じ。
鋭い破片で手をけがするだけ。
かけらを無理につなぎ合わせたとしても
その鏡には粉々になった思い出が映るだけなんだ。

努力が足りないの？

「彼女、何をしてあげても
うれしそうな顔ひとつしたことがない。
やれることは全部やったのに、
これ以上、何をしろっていうんだ？」

「人の好意をあたりまえのように受け取って
ありがたみを感じられない、
そんな人のせいで不幸にならないで。
不幸なのはその人だよ、
幸せを感じることができないんだからね」

感謝を知らない人に何かしてあげても
割れた甕に水を注ぐようなもの。
それをきみが満たしてあげる必要はない。

悪いやつ

「僕はいつも悪いやつだって言われるんだ。

最初のうちは、相手のすべてを知りたいし、

いつもいっしょにいたい。

だからよくプレゼントをあげたり、手紙を書いたり、

相手に合わせようとする。

でも、ずっとそうするわけにはいかないよ。

僕にも自分の生活があるんだから。

そう言うと、きまってこんな反応が返ってくる。

あなたは変わった、気持ちが冷めた。

何度同じ話を聞かされたことか。

いつだって悪いのは僕で、ろくでなし扱いされるんだ。

だけど、僕の気持ちは変わってないよ。

これまでがんばったぶん、

少しはのんびりさせてよって感じなのに」

「最初に無理してカッコつけたきみの姿を見て、
彼女はきみがもともとすごく優しい人だって
思っただろうね。
いつも恋人を最優先にできないってことは、
彼女だって知ってるよ。
だけど、彼女がきみを判断するときの基準は
付き合い始めたときの姿だけなんだよね。
いまの恋愛パターンから抜け出したいなら、
最初から全力を出さないようにしないと」

恋愛とは、お互いを知って、理解していくプロセス。
会うたびにすべてを燃やすことじゃない。

時の縁

「もう彼ともこれで終わりなのかな。
最後の恋だと思ってたのに」

「"時の縁"という言葉、聞いたことあるかな。
人との縁にはすべてタイミングがあるという意味だよ。
努力しなくたって、会うべき人には会うことになっているし、
いくらがんばっても、繋がらない人には繋がらない、
ということ。
目の前にいるのに、いまは気づかないだけかもしれないし、
永遠だと思っていても、すぐに去ってしまうかも。
それが縁ってものさ。
だけど、縁が切れた後には、
また別の縁が来ることを忘れないで。
それがきみの世界を変える運命かもしれないよ」

何事もなかったようにできるかな

「傷つかずに別れる方法ってないのかな?
つらくて、悲しくて、もう耐えられない。
別れって、なぜこんなにつらいの?」

「別れても平気なんだとしたら
ただ時間を無駄に過ごしたのと同じことだよ。
大切だったぶん、傷つくのはあたりまえ。
花が枯れても、きれいに咲いていた姿を覚えているように、
いつかきっと、その人といっしょに過ごした時間を
あたたかい気持ちで思い返せるようになるはず」

別れの始まり

「別れてもなんともなかった。全然平気だった。
それなのに、だんだん心が痛くなってきて、虚しくなってきた。
別れた日は悲しくもなかったのに」

「別れとは、別れようと言った瞬間に
訪れるものじゃないんだ。
あたりまえにしていた夜中の電話がなくなり、
あたりまえに会っていた週末を一人で過ごし、
あたりまえに口にしていた言葉をのみ込む。
そうやって相手の不在を感じながら、
やっと本当の別れが来るんだよ」

なぜ別れたのかな

「別れようって言われたけど、理由がわからない。
ただ疲れたって言うだけで。
だから余計にモヤモヤして、忘れられないんだ。
いっそ、きちんと理由を言ってくれれば、
ここまでつらくなかったはず」

「恋愛の始まりと終わりは、よく似ている。
誰かを好きになる理由をたったひとつに絞れないでしょ？
別れの理由も、それと同じ。
付き合うときにうまく説明できなくて
『ただなんとなくあなたが好きだから』と言うように、
終わらせる理由も
『ただなんとなく疲れたから』と言うんだ。
知り合って一日で相手のことを好きにはならないよね。
別れて一日たったからといって
忘れられるものではないんだ」

いま出会っていれば

「ふたりがもう少し遅く出会っていれば、
何か違ってたかな？
あのころの私は子どもだったし、
未熟で人生経験も足りなかった。
いまは気持ちに余裕があるし、
前よりずっと大人になったのに、
あの人がそばにいないなんて」

「その人が恋しいのは、子どもで、未熟で、
人生経験もなかったけれど、だからこそ、
かわいかったあのころの自分が恋しいからだよ。
もう戻れないからこそ、いとおしいんだ。
結婚は運命の相手とするものじゃなくて、
結婚すべきときに出会った人とするものだって言うよね。
なんだか妥協しているみたいに聞こえるけれど、
つまり、いまそばにいる人を大切にしてという
意味じゃないかな。
この先、どんな人に会おうとも、
心おきなく大切にして、後悔のないよう愛せたらいいね」

伝えられなかった言葉

「彼女と別れてからはしばらく恨んでいたよ。

なぜ黙って去っていったんだろう。

結局、こっちが思っているほど気がなかったのかなって。

あれからときが流れて、

もう僕が"彼女と別れた人"から

"彼女のいない人"になったころ、

やっと彼女のことを理解できるようになったんだ。

何気なく吐き出された一言に

どんな意味が込められていたのか、

彼女がなんであんな行動と選択をしたのかも

やっとわかるようになった。

時間を巻き戻してやり直したとしても、

僕らは別れただろうけど、僕がもう少し大人だったら

彼女を恨みながら別れることはなかったんじゃないかって

そんな気がするんだ。

ありがとう、そして、ごめんなさい。
そう伝えたくてもその言葉を伝えないことが、
愛した人にしてあげられる
最後のことだったって、いまならわかる」

今度は、路地裏で生まれた。
ぺこぺこに腹を空かせて、げっそり痩せても
魚の骨が食べられる路地裏から
抜け出す勇気が出なかった。
その路地の外にまた別の世界があるということを
そのときは知らなかった。

もう一度勇気を
出してみる

4度目の生
もう一度勇気を出してみる

とにかくやってみること

道を見つけても
そこに向かって歩かなければ
それはもはや道ではない。

結果

「失敗した人はみんなの記憶から消えてしまうでしょ。
だから、どれだけ努力したかよりも、
結果がいちばん重要なんだよね」

「人生は一度の挑戦と一度の結果で終わるものじゃない。
失敗がただの失敗で終わるのか、
それとも成功のための過程になるのか。
それはすべて、きみ次第。
そして、何が成功で何が失敗かを決めるのも、
きみだけだよ」

あまい人生

「私の人生、どうしてこんなに不幸なのかな。
幸せな人が羨ましい」

「世界の姿は、自分が思っているままに見えるものだ。
同じものを見ても、美しく見えるときもあれば、
目をそらしたくなることもある。
蜂蜜をほんの少しだけ使ったお菓子に、
"ハニー"という名前をつけたりするよね。
そんなふうに、ちょっと図々しく、自分の人生を
"あまい人生"と名付けてみたらどうだろう」

4度目の生
もう一度勇気を出してみる

捨てる勇気

「いまの仕事を始めて5年目になるけど、
自分に合わない気がするんだ。
他の人たちからは、
これまで積み上げたキャリアがもったいないから
余計なことは考えるなって言われるけど、
他の道に進みたいという気持ちが
どんどん大きくなってきて」

「持っているものを捨てる勇気も、ときには必要だよね。
ただし、新しいことに挑戦するときは
ちょっと失敗しただけで、
元の場所に戻りたくなるものだから、気をつけて。
安易な言い訳はしないという覚悟、
けっして焦らないという覚悟ができたら
新しいスタートを切るのも悪くない。
きみの勇気を応援するよ」

いつも失敗ばかりする人はいない

「何をやってもだめだ。何ひとつうまくいかない」

「うまくいかないからといってネガティブになると
逃げまわって言い訳ばかり考えるようになるよ。
そんなふうに考えていると、失敗を呼び込んでしまう。
いつも失敗ばかりしてる人はいない。
ネガティブな過去ばかり見ないで、
ポジティブな未来を考えるんだ。
今回はダメだったから、次はできるだろうってね」

4度目の生
もう一度勇気を出してみる

「現実を冷静に見つめなさい」という言葉は
虚しい夢を追いかける人にだけ必要な言葉じゃない。
臆病ですぐに尻込みする人も、
現実をしっかり見るべきなんだ。

一時停止

あまりにつらくて、もうやめたくなったとき、
自分をいちばん苦しめているのは、ひょっとすると
もっとがんばれたんじゃないだろうか、
やっぱり努力が足りなかったんじゃないか、
という自責の念かもしれない。

泳ぐことができるのは、腕と足に力があるときだけだ。
力を使いはたしたとき
水に溺れないようにする方法は、
むしろ何もしないこと。
人生を泳いでいると
誰でも体の力が抜ける瞬間が訪れる。
止まっているからといって、自分を責めないようにね。
じゅうぶん休めば
また力を出して泳いでいけるはずだから。

4度目の生
もう一度勇気を出してみる

人生の夜と昼

「この人生、暗すぎるよ。
自分だけ闇夜のなかにいるみたい。
こんなの私だけ。
そんな気がして、悲しくてつらいんだ」

「いまが夜ならすぐに朝が来るよ。
誰にだって夜は来るし、朝も来る。
暗ければ暗いほど小さな光がよく見えるように、
小さくても希望を失わなければ
それは闇のなかで迷わないように
明るい道しるべになってくれる。
その光を目指して、もう少しだけ待っていてごらん。
じきに日が昇り、夜が去っていくから」

4度目の生
もう一度勇気を出してみる

こんなだけど

チャンスはいつ来るかわからない。
希望はすみっこに隠れている。
失敗する理由は多いけど
僕たちはその理由を飛び越えて
生きていくことができる。
"こんなだから"と気を落とすことなく、
"こんなだけど"希望を失わないこと。

泥

泥も焼けば陶器になるように
僕たちも試練と苦難のなかで
しっかりとすてきな存在になるんだ。

重すぎる

なんとか耐えていても、ある日急に倒れることがある。
それも、ほんの些細なことで。
ぎりぎりまで重い荷物を背負っていると、
その上に舞い落ちた羽一枚で
倒れてしまうこともある。
だけど、知ってる?
再び立ち上がるときも同じだよ。
ほんの些細な問題がひとつでも解決すると
なんでもうまくいくような気がして
なんでもやってみようという勇気が出るんだ。
いま倒れているなら、少し待ってみよう。
すぐに、些細なきっかけで立ち上がれるときが来るよ。

生まれたときから目が見えなかった。
餌を獲ることもできない自分が情けなかった。
すると、ある少女に出会った。
少女は私に会えたことを喜んでくれた。
僕は自分が誰かに喜びを
与えることもできる存在だということを知り、
餌探しも人生も、やり直すことができた。

今日から私は
自分を信じる

揺らがないで

「自尊心が低すぎて、仕事も恋愛もうまくいかないんだ。
劣等感が強いから、いつも他人の視線にびくびくして、
毎日が憂鬱でたまらない。
この自尊心の低さ、どうしたらいいの?」

「自尊心を高めるのは簡単じゃないよ。
でも、これだけは絶対に忘れないで。
他人と比べないこと。
他人の言葉に揺らがないこと。
自分に与えられた状況を、ありのままに見ること。
自分の選択を信じること。
自分は自分。それを胸に刻むこと」

ただ、そうやって自分らしく生きればいい。

特別じゃなくてもいい

「何ひとつ得意なことがないよ。
こんなんじゃ、自分に何ができるかわからない」

「自分は他人より何かが優れているって
堂々と言える人は、この世のなかにどれぐらいいるんだろう。
特別でユニークな人のサクセスストーリーを、
僕たちは毎日のように聞かされている。
そのせいで、責任を持って自分の仕事に
打ち込んでいる人たちでさえ
自分には能力がないって嘆くような、
残念な状況になってるんだ。

多くの人がきみと同じように思っている。
それを知ったらきっと驚くだろうね。
特別な人間じゃなくても大丈夫。
才能とは、ちょっといいスニーカーを
履いて走るようなもの。
大切なのは、誰が最後まで走り抜けるか
ってことじゃないかな」

自分自身の話を聞いて

きみを動かせるものは、きみだけ。
絶望に陥って、すべてをあきらめるのもきみ。
再び立ち上がって希望を持つのもきみ。

どんなに親しい人でも、
きみのことをきみ以上には知らない。
他人のアドバイスに耳を傾けるべきなのは、
その人のアドバイスを
自分がどう受け止めるのかを見ることで
自分が本当に望んでいるものが何かがわかるから。
でも、すべてを決めるのは自分自身だよ。

だから、苦しいときほど自分の心に耳を傾けてみて。
答えはそこにあるよ。

5度目の生
今日から私は自分を信じる

星

「私の人生、いつになったら輝けるのかな？
他のみんなはキラキラしているのに」

「夜空を見上げると、はじめは月しか見えないよね。
そして、しばらくすると星がいくつか目に入ってきて
さらに続けて見ていると
思っていたよりも多くの星が
またたいているのが見えるはず。
僕たちはみな、その星たちと同じだよ。

きみには自分の光が見えないけど
誰かからはそれが見えているんだ。
きみも他の人から見たらきっと輝いているよ」

欲

「何をすればいいかわからないんだ。
自分が好きな仕事をしたいし、お金もたくさん稼ぎたい。
でも、あまり忙しすぎず、余裕を持って暮らしたい。
すべてを可能にする方法はないのかな?
これって欲張りすぎ?」

「誰だって自分の望む仕事をしたいし、
その仕事によって豊かに、楽しく暮らしたいよ。
でも、それは簡単なことじゃない。
ここで大事なのは、
自分が何を最優先にしたいのか、よく考えること。
そうすれば、あまり欲張らなくなるよ」

すべての欲を叶えることはできないという
事実を受け止めて
そこからひとつを選ぶとき、
そのひとつは、もっと価値のあるものになる。

自分が情けなく思えるとき

「何をやっても私はのろまだから
何か決めるときでも、他の人よりずっと時間がかかるし、
時間を無駄にしているような気がして
自分でも情けなくて、耐えられない」

「あれ、きみはすごいね。
人はふつう、他人には厳しくて
自分の短所や過ちにはあまいものだよ。
本当に情けない生き方をしていても
自分の情けなさに気づかない人がどれほど多いことか。
きみは自分の弱点に気づくことのできる、
素晴らしい人だよ」

月の裏側

月の裏側を見ることはできない。
それと同じように、
他人のすべてを知ることはできない。
いい人そうに見えても、欠点がないわけじゃないし、
悪く見えるからといって、すべてが悪いわけじゃない。
だから他人と比べないで。
他人と比べて挫折(ざせつ)しないで。

大人の人生

「子どものころは、早く大人になりたかった。
なのに、いまではなんの心配もなかった
あのころに戻りたい。
大人として生きるって、どうしてこんなに大変なんだろう」

「そうだね。
子どものころに考えていたような大人が
この世に存在しないことを知った瞬間、
人はやっと大人になるのかもしれない。
ときには "もうだめだ" と両手をあげて、
逃げ出したくなることもあるだろう。
ひょっとしたら、大人としてできる最善のことは
逃げ出さないための自分なりの方法を
見つけることじゃないかな。
それさえできたならば、
じゅうぶんに大人だと言っていいよ」

5度目の生
今日から私は自分を信じる

黒猫として生まれ、忌み嫌われた。
縁起の悪い猫だと言われながら。
最初のうちは傷ついたが、
まもなく気づいた。
黒い毛を気にしない人もいるし、それどころか
むしろ好きな人もいるということを。
いい出会いは少ないけど、途切れることはなかった。

いい人にだけ
いい人

冗談

「ただ冗談で言っただけなのに、
傷ついたって顔をして
もう二度と会いたくないって言うんだ。
ちょっと神経質じゃない?」

「相手に冗談として受け取られなかったら
それはもう冗談じゃなくて、失礼にあたる。
言葉にはいつも慎重になるべきだよ。
それぞれ違う人生を歩んできて、基準も違うから。
自分にはなんでもないことが、
他の誰かには大ごとになるかもしれない。
生きていれば誰でも口が滑ることはあるよ。
そしたら、謝って、直せばいい。

でも、もしきみがよく"冗談なのに"と
言っているようなら、
それは相手が神経質だからじゃない
と思ったほうがいい」

「変わる」と「揺らぐ」

「変わる」と「揺らぐ」は違う。
他人によって人生が変わることはあるけれど、
関係に縛られて人生が揺らいじゃいけないんだ。

人間関係にがっかりしたら

「人間関係が難しくって。

私が話したことを、

他の場所で平気な顔で都合の言いように話して、

私のところへ来ると、

答えづらい質問をまた平気な顔でする。

私だけが悪者になることが一度や二度ではないの」

「猫はウンチをすると、必ず砂をかけて臭いを消すんだ。

そしてその場から走って逃げる。

敵に見つからないためにね。

だからきみも自分のすべてを見せたり、

知っていることを全部言ったりしないで。

相手も同じだよ。きみに見せる顔がすべてじゃない。

世界にはいい人だけがいるわけでもないし、

いい人がいつもいい人なわけでもない。

野生の姿を守っている猫のように、警戒心を忘れないで」

悪い人

「あの人、どうして私にあんなに意地悪するんだろう。
もともとの性格のせいなのか、
こっちがいくら我慢して努力しても変わらないのかな」

「誰に対してもいい人、なんていないんだ。
ただ性格が合わなくて
お互いに悪い印象だけが残ることもあるしね。
もしかしたらその人は、
きみに対していい人として振る舞う必要性を
感じなかったのかもしれないよ。
もしその人が、相手によって行動を変える人で、
しかも、その基準がお金や名声、地位だったなら
きみも別に、その人に対していい人でいる必要はない。
むしろ、そんな人は自分のまわりから遠ざけるべきだ」

それ以外はいい人

「こんなことってない？
会うとむかついて二度と会うものかって思っていたのに
また会ってしまって後悔するの。
言葉がすごくきつくて、いつも傷つくんだけど、
それ以外はいい人だから
会っては後悔して、それを繰り返しちゃう」

「"それ以外はいい"というのは
よくないというのと同じじゃないのかな？
誰にでも欠点はあるけど、
いつも欠点について愚痴りながら
わざわざ長所を探してあげないといけないって、
なんか変じゃない？
本当にいい人だったら、
きみのことをこんなふうに悩ませたりはしないよ」

9つのいいことと、
1つの嫌なことの重さは同じじゃない。
1つが全部になってしまうこともある。

裏切り

「私のこと、どうして裏切れるの？
あまりに腹が立って、夜も眠れない。
あいつがなんでもない顔をしているのを見ると、
余計に腹が立つ。
もう人を信じられなくなりそう」

「裏切られて傷ついたことばかり考えていたら、
自分がつらくなるだけだよ。
相手にとってはなんでもないこと。
平気だから、そんな行動をとったんだ。
だからこそ余計に悔しくて腹が立つのもわかるけど
"ふん、どうぞご勝手に"って思っておけばいい。
それ以上考える価値なんてない。
何も考えていない相手のことで、
自分が苦しむのはやめようよ」

誰かにだまされて失望することは
本当に付き合うべき人を選ぶ過程なんだ。
きみを失望させるのも人間なら、
失望からきみを救ってくれるのも
人間だよ。

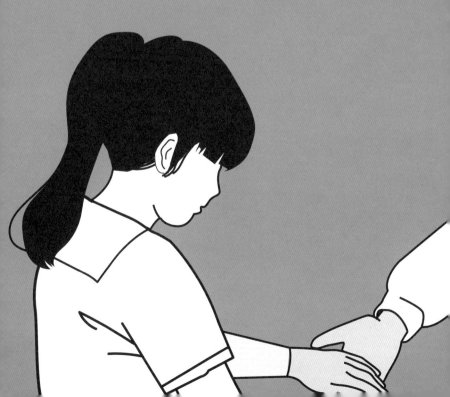

自分だけ取り残されているみたい

「年を取るにしたがって、付き合う人が減っていく。
人が変わってしまったようで、会うのを避けたり
お互いに忙しくて、なんとなく疎遠になったり
このままいくと周りに誰もいなくなるんじゃないのかな?」

「年を取るにつれて興味の対象も変わっていくものだし
人間関係がだんだん変わるのはあたりまえ。
そのことをあまり深刻に悩む必要はないよ。
自分ががんばっても、去る人は去るし、残る人は残る。
同時に、新しい付き合いも生まれる。
自分の周りに残った人たちを大事にして。
ただ、誰かが近づいてきたらいつでも
両手を広げて迎え入れる気持ちさえ
持っていればいいよ」

腕組みする人

いつも腕組みしている人がいる。
自分が必要なときだけ手を伸ばしてきて、
他の人が手を伸ばしたときは
その手を掴んでくれない人。

心を鬼にして、
絶対にその手を掴んであげたりしないこと。

ミスを挽回する方法

「前に私のせいで、友達と気まずくなったことがあるんだ。
いっそのこと怒ってくれたらよかったのに、
もう私から離れようと決心したみたい。
しばらくたって、私も誰かから同じことをされて、
やっとあの子がどれほど傷ついたのかわかった。
いまさら謝ることもできないし、どうしたらいいんだろう」

「経験してみないとわからないこともあるよね。
いま、その友達の気持ちが理解できるのは
きみがそれだけ大人になったからだよ。
思い切って、謝ってみたらどうかな？
気持ちを素直に打ち明ければ
元の関係に戻れることもよくあること。
ごめんなさいの一言が
意外に多くの問題を解決してくれるんだ。
人間関係を簡単にあきらめたりしないで」

ケーキの上のチェリー

長所しかない人はいない。
ケーキの上のチェリーだけを食べるみたいに
長所だけを目当てに近づいてきて
長所だけを取っていこうとする人には
うんざりしてしまう。
相手の欠点も理解して、
ときには見ないふりをして
そばにいてあげてこそ、
信頼が生まれ、関係が深まるんだ。

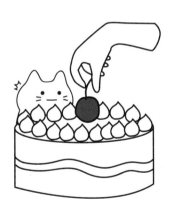

自分ならどうする？

「自分の神経質なところが嫌。
人と話をした後で、
もしかして誤解されなかったかなって
何日もくよくよして、
最悪のケースばかり考えちゃうんだ」

「人からちょっとでも迷惑なことをされると、
かっとなって根に持つ人と
人にほんの小さな迷惑もかけないように気を使う人。
どちらも同じ"神経質"だと言うのは、
ちょっと納得がいかないよね。
あまり自分を責めないで。
相手に失礼があったかも、と心配になったら
こんなとき、自分ならどうするかな、って考えてみよう。
平気な顔でやり過ごすことがほとんどだと思うよ。
自分が人を許してるぶんだけ
人から許されることを期待してもいいんじゃない？」

すべてのことには理由がある

「ある人との関係に急に溝ができた。
こちらは別に距離ができたとも思ってなかったのに、
避けられるようになったんだ。
理由を聞きたいけど、
なんて言われるか心配で連絡もしにくいし。
ちょっと寂しいよ」

「ときには、誰かから軽んじられたり
忘れられてしまうこともあるよ。
その事実を受け入れないとね。
日常が忙しくて疲れてくると、
人付き合いも面倒になるんだ。
何か理由があるんだろうって、
いちいち詮索して傷つかないで。
もしいま、中途半端に相手に理由を問いただしたりしたら、
その人はいつまでもきみのことを避けるしかなくなるよ。
いまは離れた場所で、きみが元気に過ごすことが
その人のためにしてあげられる最善のことだよ」

ともに生きること

「こんなに努力しても、やっぱりダメだ。
みんなと同じようにうまくやりたいのに、いつもダメなんだ」

「完璧な人はいないよ。
だから人間関係って必要なんだ。
お互いに足りないところを埋めてあげられるからね。
お互いの欠点を埋め合わせながら生きていくんだよ」

遠くから人と比べるのではなく、
近くで手を差し伸べる人になろう。

ずっと街をさまよいながら生きてきた。
寄る辺もなく、自分だけが頼りの
人生はやるせなかったけど、
今日、ひとつの試練に打ち勝てば
次の日は少し楽になった。
独りだったけど、弱くはなかった。

ときには傷が
力になる

所有欲

「すべてが欲しかったんだ。
名誉も、お金も、愛も、人気も全部。
何もかも手に入れたかった。
でも、お金がもうかると名誉を失い、
名誉を手にすると愛を失い、
人気を得るとお金を失ってしまった。
なんて虚しいんだろう」

「いったん手にしたものは、粗末にしてしまいがち。
そうやって大切なものを失っているのに気づかないで
また他のものが欲しくなって必死になる。
だから、あれもこれも手に入れようと欲張らずに
いま持っているものに感謝して、
それをもっと大事にしてみたらどうかな？
あれほど欲しがっていたんだから、
そのぶん大事にしないとね」

認める勇気

「きっとできるから勇気を出してやってみて。
そう言われても、自信がない。
ただやらなきゃいけないからやるだけ」

「大丈夫。勇気を出して言えばいいよ。
自信がないって。
認めることもまた勇気だよ。
できないと言うことは、少しも恥ずかしいことじゃない。
曖昧な態度で進めて、何か間違えれば、
再び挑戦することがもっと難しくなってしまうから」

挑戦とは自分との戦いだ。

他人の目を気にする必要はない。

嫌ならやらなくてもいい。

誰かの期待や要求に応じて

準備もないまま始めたら、余計に大変なだけだから。

羨望
<small>せんぼう</small>

「その友達はかっこよくて、能力もあるし、運もいい。
そばにいるだけで萎縮してしまうし
劣等感を抱いて、なんだか憎らしくなっちゃうんだ」

「例えば300稼ぐ人は500稼ぐ人を羨ましがるし、
<small>うらや</small>
500稼ぐ人は1000稼ぐ人を羨ましがるものだよ。
羨ましさというのは相対的なもので、果てしないから、
すべてを手に入れたように見える人でも
劣等感にさいなまれることもある。

みんな自分の欠点と闘ってるんだ。

羨望や嫉妬というのは誰にでもある感情だから、

自分を責めたり変だと思ったりしないで。

羨望をエネルギーに変えて前進することもできる。

でも、自分自身や他人を憎んだりしないようにね」

どうして私のことが好きなの？

「彼はどうして私のことが好きなんだろう。
うれしいけど、ふとした拍子に不安になる。
私の本当の姿を知ったら、がっかりしないかな、
私はそんなにいい人じゃないのに」

「僕は自分の短い尻尾を見られたくなかった。
実際誰も気にしてないのにね。
自分には大きく見える短所も
他人の目には、どうってことないときが多いんだ。
むしろ、そんな短所が
"ダメなのは自分だけじゃないんだな"って、
他の人に安心感を与えることもある。
疑わないで、ただ喜んで受け入れたらいいよ。
相手がどれほど愛してくれても、
自分が受け入れなくちゃ意味がない」

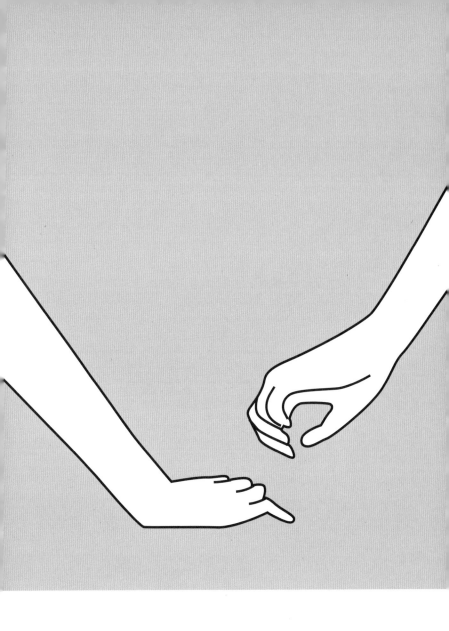

傷を癒す方法

「すぐに傷つく性格だから、
つらくてなんとかしたい。
どうすれば傷つかずにすむんだろう?」

7度目の生
ときには傷が力になる

「傷を癒す方法は人それぞれ。

そしてその方法は、傷つきながら学んでいくんだよ。

傷つくと何も手につかなくなる人がいる。

その人は、そんなときに頑張っても無駄だと気づいて、

次からは少し休むことに決めた。

またある人は、何度も傷ついた末に、

やっと自分が必要以上に傷ついていることを知った。

その人は周りの人に客観的な状況を聞くことで

自分の傷を癒すことにしたんだ。

きみにも自分なりの傷の癒やし方が見つかるよ。

ひょっとしたら、人生とは"自分の扱い方"を

覚えていく過程なのかもね」

黙っていても運は来ない

「どうして自分はこんなに運が悪いの？
運のいい人が羨ましいよ」

「この前会った高校生が、こんなことを教えてくれた。
テストで最後に答えを直すと間違えるって言うよね。
でも、じつは正解する確率のほうが高いんだって。
ところが、正解したときより、
間違ったときのほうが記憶にはっきり残るから、
"直したら間違える" と思い込むらしい。
もしかしたらきみも、いいことがたくさんあったのに、
それを忘れて、悪いことだけを
はっきり覚えているのかもしれないよ。

黙っていても運は来ない。
努力した見返りが小さいことはあるけれど、
努力しなければなんの見返りもないんだ」

私がもっと愛してあげる

「彼は私のこと、あまり愛してないのかな。
連絡も少ないし、
彼からデートに誘われることもあまりないし」

「人間には"恋愛チェックリスト"ってものがあるらしい。
連絡が少なければ愛していない、とか、
好きなら自分からデートに誘ってくるはずだ、とか、
そういうチェックリストがね。
そういう疑いの心は、愛情というより
自分のプライドからきてるんじゃないかな。
ただ相手から愛されたいとばかり願うんじゃなくて、
まずは相手を精いっぱい愛してあげたらどうかな？
相手の心は、自分から愛情をそそぐときに
一番よくわかるものだよ」

いい人になるということ

自分と他人を
同じものさしで測ること。
他人にだけ厳しくしたり
他人がもっと寛容であるよう
求めたりしないこと。
自分が聞きたくない言葉は他人にも言わないこと。
自分が聞きたい言葉を他人に惜しまず言うこと。

8度目の生が終わるころ
僕は相変わらず、多くのことを夢みた。
よい友達として、
誰かの心を癒す猫として生きたかった。
また誰かに顎を撫でてもらいたかった。
また生まれ変わるなら、
もっと多くの幸せを見つけたい。
そう決心した。

幸せになりたいだけ

幸せになるんだ

不幸はすでに過ぎ去った

「生きていくのが怖いよ。いいことなんて、ひとつもない」

「明日は？　明日には何が起きるのかな」

「知らない。今日のこともわからないのに、
明日のことなんてわかるわけないよ」

「自分は不幸だ、と思ったそのときは、
すでに不幸が過ぎ去った後なんだよ。
そして、これから幸せが来る。
明日か、明後日か、いつかきっと。
よくないことがあったからって、
人生すべてが不幸だなんて思わないで。
過ぎ去ったことのせいで
これからの時間に期待さえできないなんて、
あまりにも残念じゃないか」

幸せは順番を待っているんだ。
どんな苦難と試練に遭っても
過ぎ去った後に思い返せば
不幸は一瞬の出来事だよ。
幸せでいるときのほうがもっと長い。

手に入らなかったひとつのこと

きみはいいものをたくさん持ってるんだから
何かひとつが手に入らなかっただけで、
自分が不幸だと思わないで。

自分が手にしているものに慣れてしまうと
より大きなものを求めるようになる。
不幸はそんなときにやってくるものだ。

「幸せになりたい」と言うとき

人が「幸せになりたい」と思うのはいつだろう。
さまざまな試練と失敗を味わい、目標も失い、
もはや何かを始めようとする勇気さえ残っていなくて、
自分はもうおしまいだ、
という気持ちになったときかもしれない。

だから、誰かが「幸せになりたい」と言っていたら
黙って背中を叩いてあげてほしい。
その一言は他のどんな言葉よりも、
つらい気持ちの表れだから。

恋愛が不幸な理由

「恋をする前よりも、恋をしているいまのほうが
もっと憂鬱で不幸な気がする。
恋をしてからというもの、
相手のちょっとした行動や言葉で
自分の生き方が揺さぶられるようになったから」

「それは、自分の人生のすべてを、
相手にささげてしまっているから。
きみは相手にすべてをささげていても
相手はそうじゃないかもしれない。
そう思うだけでも傷ついてしまうからね。
期待すればするほど、もっと寂しく、惨めになるよ。
誰かと幸せになりたいなら、
まずは自分のことをしっかり考えるほうがいい」

愛はあなたの後ろにもある

出会い、愛、別れ。
そこから僕たちは多くのことを学ぶ。
だからこそ、次の縁に恵まれたときには、
もっといい人間になることができる。
でも、愛はきみの後ろにもあるんだよ。
この "家族" という名の愛は、
一度しかチャンスをくれないのに
いつでもチャンスがあるかのように、人をだますんだ。
後ろを振り向けば、
いつもそこにあるものだと思っていると、
本当に振り向いたときには消えてなくなっている。
だから、だまされないようにね。
つねに後ろを確かめながら、そこにいる家族に
限りない愛情を示してあげて。

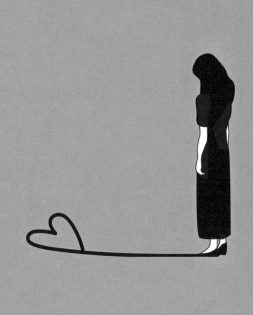

いい人

「そろそろ本当にいい人との出会いが欲しいな」

「いい人というのは、
自分を好きでいてくれる人のことだよ。
相手のことが本当に好きなら、
相手にとっていい人であろうと努力するからね」

誰かを好きになって愛するとき
その人の好きなものは何か、
嫌いなものは何か、覚えようとする。
尽くしても、尽くしても、
もっと尽くしてあげたいことが増えていく。
相手にとっても、それは同じ。
そうやってお互いが努力するような間柄が
いい関係なんだ。

幸せとは見つけるもの

「朝起きて窓を開けて、屋根の上に
猫が寝転んで日なたぼっこしている姿を
見つけると、それだけで心まであたたかくなる。
道の向こうがわのバス停にちょうどバスが来たとき、
運よく横断歩道の信号が青になると
子どもみたいにニコニコしながら走っちゃう。
初めて入ったカフェのコーヒーがおいしくて
さらに気に入ったBGMが流れていると
今日も一日、うまくいきそうな気がするんだ」

「幸せをたくさん見つけられてよかったね。
こういうことに何も感じない人もいるけれど、
あたりまえのことをあたりまえに思わないのも
幸せになる秘訣だね」

幸せとは、向こうから来るものではなく
見つけるものなんだって。
ささやかな喜びを見つける習慣を身につければ
いつのまにか、幸せはきみのそばにいるはずだよ。

前を見て進もう

後悔せず、後ろを振り向かず
過去に未練を残さず
明日に向かって歩いてみよう。
昨日いいことがあったら、それは思い出になるし、
悪いことなら、それは経験になるんだ。

また花咲く日が来る

野に咲く花を見たことはある？
小さくて、か弱くて、春が過ぎれば
そのまま消えてしまうように見えても
次の春が来れば、同じ場所で
また同じ花を咲かせるんだ。
いまの努力が報われなくて
人生がつらいからといって
絶望したりしないで。
いつかきみにも花咲く日が来るよ。
まだ春が来ていないだけ。

いちばん大事にすべき人

今日という一日を、どんな気分で始めたのかな。

もしかして、さっき言われた言葉で傷ついてないかな。

昼ご飯はしっかり食べたかな。

いちばんうれしいことは、

いちばん悲しいことは何かな。

誰が好きで、なんでその人を好きなのかな。

誰に嫉妬し、なんでその人に嫉妬するのかな。

そんなふうに、いつも
自分の心のなかをのぞいてみて。
人生でいちばん大事にするべき人は、
きみ自身だから。

デコボコ道を歩きながら
生きるのがつらくなって
何もしたくないときがあった。

ある日、うちの白猫が
キャットタワーに駆け上ろうとして足を滑らせ
そのまま転落した。
ところが何事もなかったかのように
堂々と座り、前足を舐め始めた。

こいつはこいつなりに
大きな目標を持っている。
毎朝、窓の外で騒々しく鳴いている鳥を
捕まえようとバタバタ走り回る。

実際には、たまに虫を捕まえるくらいにしか
役立たないのに一日も欠かさず足の爪を鋭く研いでいる。

何度も失敗を繰り返しながら
いつも一途で真剣な作業が終わると
ゆったりと、思い切り伸びをして
喉をゴロゴロ鳴らしながら、
一山の食パンのかたちに納まるのだ。

あの日、
まんまるくふくらんだ猫のお尻が、
私に話しかけているように見えた。

「失敗を怖がらないで。
あまり思い詰めないで。
失敗したらやり直せばいいし、
それでもだめなら、
やめてもいいんだよ」

―― 猫には命が9つあるっていうけど、
それだけ知っていることも多いんだな。

それが本書の始まりだった。
9度にわたって生きてきた、
経験にあふれ、それだけに人の悩みを
よく聞いてくれる、猫カウンセラーの話。

私とうちの猫との会話、
そして他の誰かが、飼い猫や、
あるいはどこかの家の屋根に座っている
名もない猫たちと
きっと交わしたであろう会話を
本書を通じて伝えることができて幸いだ。

―― ウルニャンイ

夜の公園で、猫に人生を相談してみた

2021年8月10日発行　第1刷

著　者	ウルニャンイ
訳　者	吉川 南
翻訳協力	徐 有理 株式会社リベル

発行人	鈴木幸辰
発行所	株式会社ハーパーコリンズ・ジャパン 東京都千代田区大手町1-5-1 03-6269-2883（営業） 0570-008091（読者サービス係）
装丁・本文デザイン	細山田光宣（AD） 能城成美（細山田デザイン事務所）（D）
DTP	Mojic
印刷・製本	図書印刷株式会社

Printed in Japan © K.K. HarperCollins Japan 2021
ISBN978-4-596-01137-4